Mengenal Lebih Dekat Dunia Gaib Supranatural Alam Jin (Jinn Race) Sesuai Syariah Islam

by

Jannah Firdaus Mediapro

2024

MUQODDIMAH

Segala puji beriring dengan cinta dan pengagungan hanya semata-mata milik Alloh Yang telah menciptakan jin dari api, menjadikannya makhluk yang ghoib dari pandangan manusia dan menjadikan manusia lebih utama darinya. Dan saya bersaksi bahwa tiada sesembahan yang berhak disembah secara haq kecuali Alloh dan bahwasanya Nabi Muhammad adalah hamba Alloh dan Rosul-Nya. Sholawat dan salam kepada Nabi Muhammad *shallallahu 'alaihi wasallam*, istri-istri, keluarga, sahabat, dan para pengikut mereka dalam kebajikan hingga hari pembalasan. *Amma ba'du*:

Sidang pembaca *rohmatullohi alaikum!!*

Dalam edisi kali ini, insya Alloh Ta'ala kita akan mengkaji bersama tentang alam jin dan hal-hal yang berkaitan dengannya yang perlu kita kaji dan kita ilmui walau secara singkat. Semoga Alloh memudahkan dan memberi taufiq kepada kami dalam menyelesaikan risalah singkat ini dan menambahkan ilmu yang bermanfaat kepada kita semua, dan sesungguhnya hanyalah Alloh Ta'ala semata pemberi taufiq dalam i'tiqod, ilmu, dan amal.

1. ASAL KATA "JIN"

Asal pembentukan kalimat "jin" dari huruf jim (ج) dan nun (ن), menunjukkan makna tertutup. Sebagaimana firman Alloh Ta'ala:

فَلَمَّا جَنَّ عَلَيْهِ اللَّيْلُ رَأَى كَوْكَباً قَالَ هَذَا رَبِّي فَلَمَّا أَفَلَ قَالَ لا أُحِبُّ الآفِلِينَ

Ketika malam telah gelap, dia melihat sebuah bintang (lalu) dia berkata: "Inilah Robbku", tetapi tatkala bintang itu tenggelam dia berkata: "Saya tidak suka kepada yang tenggelam" (QS. al-An'am [6]: 76)

Berkata Syaikhul Islam *rahimahullah* "Ia dinamakan jin karena ketertutupannya dari pandangan manusia."

Para jin melihat manusia sedangkan manusia tidak dapat melihat mereka. Alloh Ta'ala berfirman:

يَا بَنِي آدَمَ لاَ يَفْتِنَنَّكُمُ الشَّيْطَانُ كَمَا أَخْرَجَ أَبَوَيْكُم مِّنَ الْجَنَّةِ يَنزِعُ عَنْهُمَا لِبَاسَهُمَا لِيُرِيَهُمَا سَوْءَاتِهِمَا إِنَّهُ يَرَاكُمْ هُوَ وَقَبِيلُهُ مِنْ حَيْثُ لاَ تَرَوْنَهُمْ إِنَّا جَعَلْنَا الشَّيَاطِينَ أَوْلِيَاء لِلَّذِينَ لاَ يُؤْمِنُونَ

Hai anak Adam, janganlah sekali-kali kamu dapat ditipu oleh setan sebagaimana ia telah mengeluarkan kedua ibu bapakmu dari surga, ia menanggalkan dari keduanya pakaiannya untuk memperlihatkan kepada keduanya auratnya. Sesungguhnya ia dan pengikut-pengikutnya melihat kamu dari suatu tempat yang kamu tidak bisa melihat mereka. Sesungguhnya Kami telah menjadikan setan-setan itu pemimpin-pemimpin bagi orang-orangyang tidak beriman. (QS. al-A'rof[7]:27)

Maksud dari ayat ini adalah: Sesungguhnya manusia tidak dapat melihat jin sesuai dengan bentuknya secara hakiki yang ia diciptakan di atasnya, tetapi kadang mereka bisa dilihat dengan bentuk yang lain semisal hewan. (Lihat *Fathu al-Haq al-Mubin*: 28 oleh Abdulloh bin Muhammad bin Ahmad ath-Thoyar)

2. JIN DICIPTAKAN SEBELUM MANUSIA

Jin diciptakan sebelum manusia berdasarkan nash al-Qur'an surat al-Hijr [15]: 27-28;

وَالْجَآنَّ خَلَقْنَاهُ مِن قَبْلُ مِن نَّارِ السَّمُومِ. وَإِذْ قَالَ رَبُّكَ لِلْمَلَائِكَةِ إِنِّي خَالِقٌ بَشَراً مِّن صَلْصَالٍ مِّنْ حَمَإٍ مَّسْنُونٍ

Dan Kami telah menciptakan jin sebelum (Adam) dari api yang sangat panas. Dan (ingatlah), ketika Robbmu berfirman kepada para malaikat: "Sesungguhnya Aku akan menciptakan seorang manusia dari tanah liat kering (yang berasal) dari lumpur hitam yang diberi bentuk."

3. ASAL PENCIPTAAN JIN

Alloh menciptakan jin dari api. Hal ini sesuai dengan apa yang disebutkan oleh Alloh Ta'ala dalam surat al-Hijr[15]:27;

$$وَالْجَآنَّ خَلَقْنَاهُ مِن قَبْلُ مِن نَّارِ السَّمُومِ$$

Dan Kami telah menciptakan jin sebelum (Adam) dari api yang sangat panas.

Dan juga dalam surat ar-Rohman [55]:15;

$$وَخَلَقَ الْجَانَّ مِن مَّارِجٍ مِّن نَّارٍ$$

Dan Dia menciptakan jin dari nyala api.

Dan Rosululloh *shallallahu 'alaihi wasallam* bersabda (yang artinya):

خُلِقَتْ الْمَلاَئِكَةُ مِنْ نُورٍ وَخُلِقَ الْجَانُّ مِنْ مَارِجٍ مِنْ نَارٍ وَخُلِقَ آدَمُ مِمَّا وُصِفَ لَكُمْ

"Malaikat diciptakan dari cahaya dan jin diciptakan dari nyala api dan Adam diciptakan dari apa yang disifatkan kepada kalian." (HR. Muslim: 2996)

4. MACAM-MACAM JIN

Rosululloh *shallallahu 'alaihi wasallam* bersabda:

الْجِنُّ عَلَى ثَلاَثَةِ أَصْنَافٍ: صِنْفٌ لَهُمْ أَجْنِحَةٌ يَطِيْرُوْنَ فِي الْهَوَاءِ، وَصِنْفٌ حَيَّاتٌ، وَصِنْفٌ يَحِلُّوْنَ وَيَظْعَنُوْنَ

"Jin terdiri atas tiga kelompok: satu kelompok memiliki sayap yang mereka terbang di udara dengannya, satu kelompok berbentuk ular dan anjing, dan satu kelompok lagi berdiam diri di tempatnya dan melakukan petualangan." (HR. Thobroni dengan sanad hasan, al-

Hakim, dan al-Baihaqi dengan sanad shohih; lihat Shohihul Jami' 3/85)

5. TEMPAT TINGGAL JIN

Jin banyak bertempat pada tempat-tempat berikut ini:

- **Di Pasar**

عَنْ سَلْمَانَ قَالَ لَا تَكُونَنَّ إِنِ اسْتَطَعْتَ أَوَّلَ مَنْ يَدْخُلُ السُّوقَ وَلَا آخِرَ مَنْ يَخْرُجُ مِنْهَا فَإِنَّهَا مَعْرَكَةُ الشَّيْطَانِ وَبِهَا يَنْصِبُ رَايَتَهُ

Dari Salman *radhiyallahu 'anhu* ia berkata: Bersabda Rosululloh *shallallahu 'alaihi wasallam*: "Sungguh jika kamu mampu, janganlah engkau menjadi orang yang pertama kali masuk pasar dan terakhir kali keluar darinya, karena sesungguhnya pasar adalah medan peperangan setan dan di dalamnya ia menancapkan bendera" (HR. Muslim: 2451)

Berkata Suyuthi *rahimahullah* dalam *ad-Dibaj* (5/420): "Diserupakan pasar dan perbuatan setan terhadap penduduknya dan apa yang didapatkan dari mereka dengan medan peperangan adalah karena banyaknya kebatilan yang terjadi di dalamnya, semisal: kecurangan, penipuan, sumpah yang batil, akad-akad yang rusak, *combrean*, menjual di atas jualan saudaranya, membeli di atas pembelian saudaranya, menawar di atas tawaran saudaranya, serta mengurangi timbangan dan takaran. Dan perkataan *'di dalamnya ia menancapkan bendera'* mengisyaratkan kepada menetapnya mereka di pasar-pasar dan berkumpulnya penolong-penolongnya untuk mengadu domba antara sesama manusia dan membawa mereka kepada kerusakan-kerusakan ini."

- **Tempat-Tempat Buang Hajat**

عَنْ زَيْدِ بْنِ أَرْقَمَ عَنْ رَسُولِ اللهِ صَلَّى اللهُ عَلَيْهِ وَسَلَّمَ قَالَ إِنَّ هَذِهِ الْحُشُوشَ مُحْتَضَرَةٌ فَإِذَا أَتَى أَحَدُكُمُ الْخَلَاءَ فَلْيَقُلْ اللَّهُمَّ إِنِّي أَعُوذُ بِكَ مِنَ الْخُبُثِ وَالْخَبَائِثِ

Dari Zaid bin Arqom *radhiyallahu 'anhu* dari Nabi *shallallahu 'alaihi wasallam*, beliau bersabda (yang artinya): "Tempat-tempat buang hajat ini dihadiri oleh setan (dengan tujuan mengganggu). Maka jika salah seorang di antara kalian masuk ke dalamnya, hendaklah mengucapkan:

اللَّهُمَّ إِنِّي أَعُوذُ بِكَ مِنَ الْخُبُثِ وَالْخَبَائِثِ

(Ya Alloh, sesungguhnya aku berlindung kepada-Mu dari gangguan setan laki-laki dan perempuan)" (HR. Abu Dawud: 6, dengan sanad shohih, dan telah dishohihkan oleh al-Hakim, Abdul Haq, Ibnul Qothon, dll.)

Dan dari Ali bin Abi Tholib bahwasanya Rosululloh *shallallahu 'alaihi wasallam* bersabda (yang artinya):

$$سِتْرُ مَا بَيْنَ الْجِنِّ وَعَوْرَاتِ بَنِي آدَمَ إِذَا دَخَلَ الْكَنِيفَ أَنْ يَقُولَ بِسْمِ اللَّهِ$$

"Penutup antara jin dan aurat bani Adam ialah ucapan bismillah ketika masuk tempat buang hajat"

Dan dalam riwayat lain:

$$سَتْرُ مَا بَيْنَ أَعْيُنِ الْجِنِّ$$

"Penutup antara (umat manusia dan) pandangan-pandangan mata jin."

Berkata Ibnu Hajar *rahimahullah* dalam *Nata'ijul Afkar* (1/196): "Hadits hasan ghorib dari sisi ini."

- **Bersama Dengan Unta dan Di Kandang-Kandangnya**

Dari Abdulloh bin Mughofal *radhiyallahu 'anhu* ia berkata: "Rosululloh *shallallahu 'alaihi wasallam* telah melarang kami untuk melakukan sholat di kandang-kandang unta dan tempat-tempat menderumnya, karena ia diciptakan dari setan-setan."

Berkata Ibnu Abdil Barr *rahimahullah* dalam *at-Tamhid* (22/333): "Hadits Abdulloh bin Mughofal *radhiyallahu 'anhu*, telah meriwayatkannya lebih dari lima belas orang dari al-Hasan, dan pendengaran al-Hasan dari Abdulloh bin Mughofal adalah shohih. Dan telah menetapkannya Syaukani *rahimahullah* dalam *Nailul Author* dan menshohihkannya."

Berkata Ibnu Hibban *rahimahullah* sebagaimana dalam *al-Ihsan* (4/602), mengomentari makna hadits: *karena ia diciptakan dari setan-setan*: "Maksudnya adalah: Sesungguhnya setan bersamanya."

- **Di Rumah-Rumah**

عَنْ أَبِي هُرَيْرَةَ أَنَّ رَسُولَ اللهِ صَلَّى اللهُ عَلَيْهِ وَسَلَّمَ قَالَ لَا تَجْعَلُوا بُيُوتَكُمْ مَقَابِرَ إِنَّ الشَّيْطَانَ يَنْفِرُ مِنْ الْبَيْتِ الَّذِي تُقْرَأُ فِيهِ سُورَةُ الْبَقَرَةِ

Dari Abu Huroiroh *radhiyallahu 'anhu* bahwasanya Rosululloh *shallallahu 'alaihi wasallam* bersabda: "Janganlah kalian jadikan rumah-rumah kalian sebagai kuburan, sesungguhnya setan akan lari dari rumah-rumah yang dibacakan di dalamnya surat al-Baqoroh." (HR. Muslim: 780)

Hadits ini menunjukkan bahwa mereka tinggal pula di rumah-rumah manusia.

- **Di Lautan**

عَنْ جَابِرٍ قَالَ: قَالَ رَسُولُ اللَّهِ صَلَّى اللَّهُ عَلَيْهِ وَسَلَّمَ: إِنَّ إِبْلِيسَ يَضَعُ عَرْشَهُ عَلَى الْمَاءِ ثُمَّ يَبْعَثُ سَرَايَاهُ فَأَدْنَاهُمْ مِنْهُ مَنْزِلَةً أَعْظَمُهُمْ فِتْنَةً

Dari Jabir *radhiyallahu 'anhu* ia berkata: Rosululloh *shallallahu 'alaihi wasallam* bersabda: "Sesungguhnya Iblis meletakkan singgasananya di atas air, kemudian mengutus pasukan-pasukannya. Pasukan yang paling dekat kedudukannya di sisinya adalah yang paling besar fitnahnya." (HR. Muslim: 2813)

- **Di Lubang-Lubang dan Belahan-Belahan Tanah**

عَنْ قَتَادَةَ عَنْ عَبْدِ اللَّهِ بْنِ سَرْجِسٍ أَنَّ رَسُولَ اللَّهِ صَلَّى اللَّهُ عَلَيْهِ وَسَلَّمَ نَهَى أَنْ يُبَالَ فِي الْجُحْرِ قَالُوا لِقَتَادَةَ مَا يُكْرَهُ مِنَ الْبَوْلِ فِي الْجُحْرِ قَالَ كَانَ يُقَالُ إِنَّهَا مَسَاكِنُ الْجِنِّ

Dari Qotadah, dari Abdulloh bin Sirjis *radhiyallahu 'anhu*, bahwa sesungguhnya Nabi *shallallahu 'alaihi wasallam* melarang seseorang melakukan kencing di lubang. Mereka bertanya kepada Qotadah: "Mengapa dibenci kencing di dalam lubang?" Ia menjawab: "Dikatakan, bahwasanya ia adalah tempat-tempat tinggal jin." (HR. Nasa'i 1/33 dan Abu Dawud: 29, dan dishohihkan oleh Ibnu Khuzaimah dan Ibnu Sakan)

- **Di Padang Pasir, Lembah, Gang-Gang, Tempat yang Ditinggalkan Oleh Penghuninya**

Hal ini berdasarkan hadits Ibnu Mas'ud *radhiyallahu 'anhu* yang diriwayatkan oleh Imam Muslim:

كُنَّا مَعَ رَسُولِ اللَّهِ ذَاتَ لَيْلَةٍ فَفَقَدْنَاهُ فَالْتَمَسْنَاهُ فِي الْأَوْدِيَةِ وَالشِّعَابِ فَقُلْنَا اسْتُطِيرَ أَوْ اغْتِيلَ قَالَ فَبِتْنَا بِشَرِّ لَيْلَةٍ بَاتَ بِهَا قَوْمٌ فَلَمَّا أَصْبَحْنَا إِذَا هُوَ جَاءٍ مِنْ قِبَلِ حِرَاءٍ قَالَ فَقُلْنَا يَا رَسُولَ اللَّهِ فَقَدْنَاكَ فَطَلَبْنَاكَ فَلَمْ نَجِدْكَ فَبِتْنَا بِشَرِّ لَيْلَةٍ بَاتَ بِهَا قَوْمٌ فَقَالَ أَتَانِي دَاعِي الْجِنِّ فَذَهَبْتُ مَعَهُ فَقَرَأْتُ عَلَيْهِمْ الْقُرْآنَ

"Pada suatu malam kami bersama Rosululloh *shallallahu 'alaihi wasallam*, lalu kami kehilangan beliau lantas kami pun mencari beliau di lembah-lembah dan gang-gang. Kami mengatakan: "Rosululloh *shallallahu 'alaihi wasallam* diculik." Maka kami pun tidur malam dengan sejelek-jelek malam yang suatu kaum bermalam dengannya. Tatkala tiba waktu pagi hari, tiba-tiba beliau datang dari arah Haro', maka kami mengatakan: "Ya Rosululloh, kami kehilangan anda dan kami mencari anda namun kami tidak menjumpai anda, lantas kami bermalam dengan sejelek-jelek malam yang suatu kaum bermalam dengannya." (Mendengar ucapan tersebut) maka Rosululloh *shallallahu 'alaihi wasallam* menjawab: "Datang kepadaku seorang yang mengundang dari kalangan jin, maka aku pun pergi bersamanya dan aku membacakan al-Qur'an kepada mereka." (HR. Muslim: 450)

Dan juga berdasarkan hadits Khoulah binti Hakim *radhiyallahu 'anha* bahwasanya ia berkata: Aku telah mendengar Rosululloh *shallallahu 'alaihi wasallam* bersabda: "Barangsiapa singgah di suatu tempat kemudian berucap:

$$\text{أَعُوذُ بِكَلِمَاتِ اللَّهِ التَّامَّاتِ مِنْ شَرِّ مَا خَلَقَ}$$

(Aku berlindung dengan kalimat Alloh yang sempurna dari kejahatan setiap sesuatu yang memiliki kejahatan).

Maka tidaklah akan ada sesuatu pun memadhorotkannya." (HR. Muslim: 2708)

Berkata Ibnu Taimiyyah *rahimahullah*: "Karena itulah, ia (jin) banyak dijumpai di tempat-tempat yang rusak dan di padang-padang pasir dan dijumpai pula di tempat-tempat najis semisal: tempat mandi, WC, tempat sampah, dan kuburan. Dan para *masyayikh* (tokoh-tokoh/sesepuh) yang setan berteman akrab dengannya dan keadaan mereka (dalam hal yang keluar dari adat kebiasaan dan nalar manusia) adalah keadaan *syaithoniyyah* (berasal dari bantuan setan) dan bukan *Rohmaniyyah* (berasal dari bantuan Alloh) mereka banyak berlindung ke tempat-tempat seperti ini, yang ia merupakan tempat tinggal setan."

6. DAPATKAH MANUSIA MELIHAT JIN?

Termasuk kekhususan jin, mereka mampu melihat manusia dan manusia tidak mampu melihat mereka dalam bentuk aslinya. Alloh Ta'ala berfirman:

يَا بَنِي آدَمَ لَا يَفْتِنَنَّكُمُ الشَّيْطَانُ كَمَا أَخْرَجَ أَبَوَيْكُم مِّنَ الْجَنَّةِ يَنزِعُ عَنْهُمَا لِبَاسَهُمَا لِيُرِيَهُمَا سَوْآتِهِمَا إِنَّهُ يَرَاكُمْ هُوَ وَقَبِيلُهُ مِنْ حَيْثُ لَا تَرَوْنَهُمْ إِنَّا جَعَلْنَا الشَّيَاطِينَ أَوْلِيَاءَ لِلَّذِينَ لَا يُؤْمِنُونَ

"Hai anak Adam, janganlah sekali-kali kamu dapat ditipu oleh setan sebagaimana ia telah mengeluarkan kedua ibu bapakmu dari surga, ia menanggalkan dari keduanya pakaiannya untuk memperlihatkan kepada keduanya auratnya. ***Sesungguhnya ia dan pengikut-***

pengikutnya melihat kamu dari suatu tempat yang kamu tidak bisa melihat mereka. Sesungguhnya Kami telah menjadikan setan-setan itu pemimpin-pemimpin bagi orang-orang yang tidak beriman." (QS. al-A'rof [7]:27)

Tidak seorang pun mampu melihat jin, kecuali apabila mereka telah mengubah diri mereka (menjelma) dalam beberapa bentuk dengan izin Alloh Ta'ala. Dan telah datang beberapa riwayat yang menjelaskan bahwasanya mereka mengubah diri ke dalam beberapa bentuk, di antaranya:

1. Mengubah bentuk menjadi seorang laki-laki miskin (lihat *Mukhtashor Shohih Muslim* karya az-Zabidi: 1078).

2. Mengubah bentuk menjadi seorang syaikh dari Najd (lihat *Siroh Ibnu Hisyam* 2/122).

3. Mengubah bentuk menjadi seekor ular (lihat *Mukhtashor Shohih Muslim*: 1498).

Adapun bagaimana cara mereka mengubah diri ke dalam bentuk lain, tidaklah ada nash yang menjelaskan hal tersebut.

7. DAPATKAH MANUSIA MENUNDUKKAN JIN?

Tidak seorang pun akan bisa menaklukkan dan menguasai jin setelah do'a dari Nabi Sulaiman *alaihissalam*:

قَالَ رَبِّ اغْفِرْ لِي وَهَبْ لِي مُلْكاً لَا يَنْبَغِي لِأَحَدٍ مِّنْ بَعْدِي إِنَّكَ أَنتَ الْوَهَّابُ. فَسَخَّرْنَا لَهُ الرِّيحَ تَجْرِي بِأَمْرِهِ رُخَاءً حَيْثُ أَصَابَ. وَالشَّيَاطِينَ كُلَّ بَنَّاءٍ وَغَوَّاصٍ. وَآخَرِينَ مُقَرَّنِينَ فِي الْأَصْفَادِ. هَذَا عَطَاؤُنَا فَامْنُنْ أَوْ أَمْسِكْ بِغَيْرِ حِسَابٍ.

Ia berkata: **"Ya Robbku, ampunilah aku dan anugerahkanlah kepadaku kerajaan yang tidak dimiliki oleh seorang jua pun sesudahku, sesungguhnya Engkaulah Yang Maha Pemberi."** Kemudian Kami tundukkan kepadanya angin yang berhembus dengan baik menurut ke mana saja yang dikehendakinya, dan (Kami tundukkan pula kepadanya) setan-setan, semuanya ahli bangunan dan penyelam, dan setan yang lain yang terikat dalam belenggu. Inilah anugerah Kami, maka berikanlah (kepada orang lain) atau tahanlah (untuk dirimu sendiri) dengan tiada pertanggungjawaban. (QS. Shod [38]:35-39)

Berkata Syaikh Ahmad bin Nashir bin Muhammad al-Hamd: "... Tetapi didapatkan penguasaan dan penundukan manusia terhadap jin tidaklah mungkin, karena adanya perbedaan bentuk keduanya. Manusia tidak bisa melihat jin dan dari sini (diketahui) bahwa manusia tidaklah dapat menguasai dan menundukkan jin. Dan perkara ini bukanlah termasuk dari tuntutan jiwa, dan tidaklah mungkin seseorang ditundukkan dan menjadi budak kecuali dengan kekuatan dan pemaksaan. Berdasarkan hal ini, seseorang tidaklah akan ridho terhadap perkara ini, karena mencintainya. (Penundukkan. dan penguasaan ini) didapatkan dari setan sebagai hasil dari penundukan sebagian mereka terhadap sebagian yang lain. Maka jin yang ditundukkan manusia, ia tertundukkan oleh setan yang memiliki kekuasaan dan kekuatan dan hal ini adalah sebagai timbal balik dari pelaksanaan manusia terhadap apa yang dikehendaki oleh setan darinya, yang berupa kefasikan, maksiat, dan keluar dari ajaran-ajaran agama. Dari sini diketahui, (pada hakikatnya) manusialah yang menjadi budak bagi setan (bukan setan atau jin ditundukkan olehnya)." (*as-Sihr Baina Haqiqoh wal Khoyal*: 211)

8. Al-QUR'AN DI GUNAKAN UNTUK MENUNDUKKAN JIN?!

Kita banyak mendengar bahwa ada di antara kaum yang menisbatkan dirinya kepada ilmu dan kebajikan, mereka mendakwakan diri telah menundukkan jin dengan menggunakan ayat-ayat al-Qur'an. Yang menjadi pertanyaan, benarkan hal tersebut bisa dilakukan dan benarkan al-Qur'an dapat digunakan untuk hal itu? Jawabnya adalah: Tidak benar dan tidak mungkin.

Berkata Syaikh Majd Muhammad asy-Syahawi: "Dan tidaklah diragukan lagi bahwasanya pada saat sekarang ini tidak ada orang yang meminta bantuan jin dengan al-Qur'an semata tanpa menggunakan mantera-mantera dan jimat-jimat dari sihir yang tidak diketahui maknanya, yang kami telah memberikan peringatan terhadap kesesatan yang ada di dalamnya dan barangsiapa menyangka bahwa ia meminta bantuan jin dengan al-Qur'an semata -tanpa menggunakan selain al-Qur'an- maka ia adalah pendust? dan penipu." (*Tahdhirul Arwah wa Taskhiru al-Jan Baina Haqiqoh wal Khurofat*: 103-104)

9. MEMINTA BANTUAN JIN

Meminta bantuan jin tidaklah diperbolehkan secara syar'i. Adapun dasar-dasar ketidakbolehannya ialah sebagai berikut:

- Hal ini tidak pernah dilakukan oleh Rosululloh *shallallahu 'alaihi wasallam*, Khulafa'ur Rosyidin, para sahabat Nabi *shallallahu 'alaihi wasallam* secara umum, tabi'in, dan orang-orang sholih dari umat ini.

- Ciri utama dari jin dan setan adalah dusta. Rosululloh *shallallahu 'alaihi wasallam* bersabda kepada Abu Huroiroh *radhiyallahu 'anhu* "Ia berlaku jujur kepadamu, sedangkan ia pendusta." (HR. Bukhori: 2311,3275)

- Tersebarnya kejahilan yang merata, jauhnya kebanyakan manusia dari metode al-Qur'an dan Sunnah, serta sedikitnya penuntut ilmu syar'i di masa sekarang ini menyebabkan kebanyakan manusia tidak dapat membedakan antara tukang sihir dan selainnya dari orang-orang yang mendakwakan meminta bantuan kepada jin yang sholih. Akibatnya, bercampuraduklah perkara-perkara tersebut dan cacatlah aqidah umat manusia, padahal ia merupakan sesuatu yang paling berharga baginya dan padahal jaminan kejayaan dan keselamatan di dunia dan akhirat terdapat dalam aqidah *shohihah*.

- Terjadi fitnah di kalangan kaum awam, sebagai akibat dari ketergantungan mereka terhadap manusia dan jin dan lemah atau bahkan lepasnya ketergantungan dan tawakkal kepada Alloh Ta'ala.

- Jin terbebani peribadatan dan tidaklah terjaga dari hawa nafsu dan ketergelinciran. Jin kadang terjerumus ke dalam kesalahan dan orang-orang yang meminta bantuan kepada mereka tunduk patuh mengikuti kesalahan tersebut, dan bahkan kadang terjerumus ke dalam kekufuran, kesyirikan, atau keharaman sesuai dengan keadaan penyelisihannya.

- Orang yang meminta bantuan kepada jin menjadi hina di sisi dan dalam pandangan mereka.

- Jin atau setan akan menjerumuskan ke dalam kekufuran, kesyirikan, ataupun keharaman dengan berbagai jalan dan sarana serta secara sedikit demi sedikit kepada orang yang meminta bantuan kepada mereka.

- Meminta bantuan kepada mereka akan membawa kepada kecacatan aqidah, di mana kita akan jumpai di antara mereka bergantung kepada selain Alloh Ta'ala.

- Orang-orang yang meminta bantuan jin kadang menggunakan mereka di selain amal-amal sholih, dan kaum muslimin dari kalangan jin kebanyakan dari mereka tidak banyak memahami ilmu syar'i dan tidak mengetahui halal-haram. Dan karena keakraban hubungan keduanya, kadang orang-orang yang meminta bantuan kepada mereka, membebani mereka dengan perkara-perkara yang menyelisihi syari'at dan agama di saat terjadi kelemahan iman.

- Membuka pintu lebar-lebar bagi kebanyakan ahli sihir untuk mendakwakan *ruqyah syar'iyyah* dengan al-Qur'an dan Sunnah dan meminta pertolongan jin muslim (padahal hakikat dan keadaan yang sebenarnya berbicara lain, pen.).

- Karena semakin jauhnya kebanyakan manusia dari manhaj al-Qur'an dan Sunnah, bergelimangnya mereka dalam kefasikan, kemaksiatan, dan kekejian, terpedaya oleh dunia, sedikit menuntut ilmu syar'i, mereka tidak banyak mengenal tentang halal-haram dan bersegera (bahkan berlomba, pen.) melakukan perkara-perkara yang menyelisihi syar'i dan meminta tolong kepada jin akhirnya menjadi sarana kesesatan, kesyirikan, dan kekufuran sesuai dengan (perkembangan, pen.) keadaan mereka. (Diringkas dengan sedikit penyesuaian dari: *al-Qoul al-Mubin* oleh Usamah bin Yasin: 137-152)

Apabila ada orang bertanya: Apakah orang yang meminta bantuan jin telah melakukan kekufuran? Maka jawabnya:

Orang (manusia) yang menggunakan jin tidaklah kufur, kecuali apabila penggunaan jin tersebut dengan memakai cara dan jalan yang telah ditempuh oleh tukang sihir dan sulap atau dikaitkan dengan bintang dan tulisan-tulisan ajimat kufur dan semisalnya. Apabila perkaranya seperti ini, maka ia telah kafir. (Lihat *al-Qoul al-Mubin* oleh Usamah bin Yasin: 197)

10. BEBERAPA BENTUK MEMINTA BANTUAN JIN

Ada beberapa perbuatan yang merupakan bentuk dan perwujudan meminta bantuan jin, di antaranya:

- Penjualan cincin dengan harga yang sangat mahal, dengan sangkaan bahwa ada jin bersamanya yang membantu pemiliknya, menjaganya dari gangguan, dan lain-lain.
- Membacakan sebagian ayat-ayat al-Qur'an dan bermacam-macam wirid dan do'a pada seorang yang terlentang di atas dipan dan setelah selesai dari pembacaan wirid tersebut, tubuhnya terangkat ke udara.
- Membacakan sebagian ayat-ayat al-Qur'an dan bermacam-macam do'a pada sebuah pisau lalu dilipat dan diikat, guna menjaga diri seseorang, binatang, tempat, dan lain-lainnya.
- Membacakan sebagian ayat-ayat al-Qur'an dan bermacam-macam do'a dengan hitungan tertentu untuk

mendatangkan *khodam* (pembantu) dari ayat-ayat tersebut (sesuai dengan sangkaan mereka, pen.).

- Seseorang mendatangkan anak kecil belum baligh dan menuliskan di keningnya surat Qof ayat: 22, lalu anak kecil tersebut diperintahkan membawa gelas berisikan minyak dan tinta hitam dan kemudian ia membaca mantera-mantera tertentu lalu anak kecil tersebut melihat beberapa orang yang bisa dia bedakan dengan jelas lalu memintanya untuk menyembelih, menguliti, memasak, menyiram tanah, membersihkannya, dan memerintahkan mereka untuk makan lalu mencuci tangan-tangan mereka; kemudian anak kecil tersebut menanyakan barang yang hilang dan serta-merta ia akan melihat barang yang ditanyakan dan jika ia tidak mengetahui tempatnya ia menanyakannya pula dan sekaligus orang yang mencuri atau mengambil barang yang hilang tersebut.

- Mengambil barang yang dipakai oleh orang yang sakit lalu seseorang memerintahkan kepada jin muslim (menurut sangkaannya, pen.) untuk memanjangkan barang tersebut atau memendekkannya atau membiarkan pada kondisi awalnya sesuai dengan penyakit yang diderita oleh orang yang memiliki barang tersebut. Sebagai contoh: Dipanjangkan apabila kesurupan, dipendekkan apabila terkena pandangan mata jahat, atau dibiarkan pada kondisi awalnya bila terkena penyakit biasa (selain kesurupan dan pandangan mata jahat).

- Membedah tubuh pasien penderita penyakit-penyakit tertentu dengan cara yang unik dan asing atau tanpa menggunakan cara apapun serta tanpa meninggalkan bekas apapun pada tubuh dan kulit pasien.

- Menghadirkan arwah, baik dengan cara merasukkan pada tubuh seseorang lalu arwah tersebut berbicara tentang segala sesuatu yang dikehendaki oleh orang yang mendatangkannya atau dengan cara menampakkannya dalam bentuk orang yang telah meninggal dunia dan kemudian berjalan di kamar atau berbicara dengan orang yang ada di sekitarnya. .

Catatan: arwah/roh yang disangkakan datang kepada penghadir roh tersebut, pada hakikatnya adalah jin yang bekerja sama dengan orang tersebut, bukan roh orang yang diminta kehadirannya tersebut.

II. MENGAMBIL SUMPAH DARI JIN

Tidaklah diperkenankan seorang muslim ketika melakukan ruqyah syar'iyyah mengambil janji dengan nama Alloh kepada jin yang mengganggunya. Hal ini dikarenakan jin sering bersumpah dengan nama Alloh, namun mereka banyak melanggarnya, sedangkan Rosululloh *shallallahu 'alaihi wasallam* bersabda:

> "Jika engkau mengepung suatu kaum yang ada di suatu benteng, dan mereka menghendaki untuk engkau jadikan bagi mereka perjanjian (keamanan), dengan atas nama Alloh dan Rosul-Nya, maka janganlah kalian lakukan, tetapi jadikanlah perjanjian (keamanan), atas namamu dan perjanjian (keamanan) atas nama sahabat-sahabatmu bagi mereka, sebab jikalau kalian melanggar perjanjian (keamanan) atas namamu dan sahabat-sahabatmu maka itu lebih ringan daripada melanggar perjanjian (keamanan) atas nama Alloh dan Rosul-Nya." (HR. Muslim: 1731)

Demikian yang dapat kita kaji bersama pada edisi kali ini, semoga menjadi ilmu yang bermanfaat. Dan segala puji dan sanjungan teriring kecintaan dan pengagungan hanya milik Alloh semata. Wallohu A'lam bish-showab.[]

Pembahasan ini banyak dinukil dari: (1) *al-Qoul al-Mubin* dan *al-Manhaj al-Yaqin* karya Usamah bin Yasin, (2) *Fathu al-Haq al-Mubin* karya Abdulloh ath-Thoyar, (3) *al-Insan* karya Zuhair al-Hamawi, dll.

www.ingramcontent.com/pod-product-compliance
Lightning Source LLC
LaVergne TN
LVHW020143080526
838202LV00048B/3998